Amor de Caras

¿Cuál es tu verdadera cara?

Enoel Alexis Jiménez Moreno

En colaboración con: Indra Peralta,

Querube Ortega,

Annie Pascual.

Yailin Juárez,

Erick Strah,

Amor de Caras

Lecciones que te ayudarán a conocerte,
olvidar y volver a empezar una nueva
relación contigo, porque te mereces ser feliz
con o sin alguien.

Amor de Caras

Versión Original de Enoel Alexis Jiménez

Publicado por:

Enoel Alexis Jiménez

24 de febrero de 2023

Contenido

Dedicatoria

Como impulsor de este proyecto, puedo asegurar que el sentimiento de orgullo y compromiso es generalizado entre los 6 autores de este libro. Que durante los meses de redacción y recopilación de información e ideas fue arduo. La emisión de pensamientos propios para dar conocer frases para colgar en nuestras redes sociales fue unas de las partes favoritas de todos y también compartir vivencias y experiencias para otorgar su opinión con respecto al tema tratado.

Entre todos agradecemos a nuestro Dios que nos da la salud y la vida, a nuestros familiares, amigos y conocidos que sabemos están muy orgullosos por culminar con este proyecto.

¡Muchas Gracias!

Introducción

Tenemos mucho que decir, tratamos de plasmar nuestras experiencias y vivencias personales, dando ese toque especial y coherente. Sabiendo, que la vida y Dios siempre nos retribuye de forma positiva y nos bendice.

No hagamos mal a nadie, no juzguemos, no critiquemos, no opinemos aspectos que pueden dañar o perjudicar una vida, seamos conscientes que todos tenemos luchas internas, por más pequeñas o grandes que sean, cada uno busca la manera de salir de ello.

Vivamos el presente, recordemos el pasado con amor, y esperemos que el futuro siempre nos depare lo mejor para nosotros. Nunca olvidando que somos especiales a nuestra manera, somos importantes, somos luz, somos energía que vibra alto y bonito.

Y todo lo anterior, recordar en cada momento, que no nos debemos dejar menospreciar de ninguna manera, estar en un lugar ni con personas que no nos dan ese grado de importancia y sentimiento especial que se merece todo individuo en la sociedad.

CAPÍTULO UNO

Aceptarse tal como eres

Mi libro anterior se enfocó en el liderazgo, el emprendimiento y el voluntariado en una persona o grupo de personas, luego que culminé ese proyecto, había pasado por una relación amorosa un poco confusa diría yo, y es que nunca me había ocurrido aquello, y esa situación vivida dio paso a la creación de este nuevo libro.

Aceptarse tal y como eres es unas de las contradicciones de la sociedad de hoy, ya sea en la parte física porque eres gordo o gorda, alto o bajo, sin senos o con senos, o en la parte sentimental o de atracción, heterosexual, bisexual, homosexual o los distintas denominaciones que existen hoy día, la cual algunas las desconozco, tengo mucha certeza que este proyecto generará muchas contradicciones y polémica, ya que a pleno siglo

XXI aún siguen manteniendo en muchos lugares y familias este tabú, ya sea por su cultura, creencias, religión o ideologías individuales o grupales hacia estos conceptos de sexualidad.

Si bien es cierto, el mundo ha cambiado, las personas cambian, y ya como narra la propia biblia son hechos que ocurrirían, eran inevitables, pero que hoy grupos o cimientos pasados no acepten los derechos que mantienen las diferentes personas con sus propias ideologías es un trago bien, bien amargo para muchos.

Acaba de pasar junio 2020, el mes de la comunidad LGTBQ cuyo significado es lesbiana, gay, bisexual, transgénero, transexual, travesti, intersexual y queer. Y comúnmente se le agrega un símbolo de + al final de estas siglas, como agregados, según los sitios de internet visitados para obtener más información sobre estos conceptos.

Crecí en un núcleo familiar de papá y mamá, nunca me faltó el amor de mis padres y mi familia, al contrario, mi familia es bien unida y siempre se encuentran en armonía a pesar de los problemas, fui a la escuela como cualquier niño, me enamoré de chicas como cualquier adolescente o joven, tuve novias, en fin, mis bases familiares y mi personalidad apuntaban a ser un heterosexual, pero que a medida que crecía, estos sentimiento de atracción cambiaron al mismo sexo, y la verdad yo como adolescente y viendo de qué manera eran visto los homosexuales, me daba mucho temor y no lo acepté y no lo aceptaba, de hecho, asistí a la iglesia toda mi adolescencia para ser exactos hasta los 18 años, tratando de una u otra forma sacarme esos sentimientos hacia las personas de mí mismo sexo, solo de pensar cómo reaccionarían mi papá y mi mamá, o mi propia familia, era horrible. Y estoy segurísimo que muchas personas pasan, han pasado, o pasarán esos mismos encuentros en su mente como lo viví yo.

En realidad, lo que busco con este nuevo proyecto, es que le pueda llegar a personas de toda índole, no importa si no es del grupo en los párrafos anteriores mencionados, quiero llevar un mensaje a través de mis palabras, porque en la sociedad de hoy, lo que se necesita es amor, y amor verdadero, tolerancia y respeto de las diferentes creencias e ideologías, siempre y cuando no perjudiquen el comportamiento o el actuar de otras ideologías o creencias. Y pues, de eso se trata, de respetar los pensamientos o formas de otras personas, y que esto sea viceversa.

1. El reflejo de la sociedad de hoy

Hace poco vi una imagen que me llamó mucho la atención y no puedo dejar de mencionar en este libro, la misma no se ve con fuente o autor, pero es válido mencionar lo que dice:

- Te vas al infierno, porque eres gay, dice el hombre que está casado, traiciona a su esposa y tiene hijos fuera del matrimonio.
- Te vas al infierno, porque eres gay, dice la niña que está en la iglesia, sale con un chico y mantiene relaciones sexuales con él (lo decía de otra forma la imagen) no estando casada.
- Te vas al infierno porque eres gay, dice la mujer que está en la iglesia tomando santa cena, pero hace chisme de la vida ajena 24 horas al día y no piensa dos veces el hablar del hermano de al lado.
- Te vas al infierno porque eres gay, dice la mujer que traiciona a su marido con el vecino de al lado.

El mal del ser humano es ser hipócrita y ver sólo los defectos y pecados de los demás, sólo quien puede juzgar es Dios, debemos saber amar y respetar al prójimo.

Me atrevo a decir, que en mi vida han existido personas que me han querido tratar de corregir mi orientación, las he podido ubicar en cada uno de esos puntos, y por más que hagan campañas en Panamá, e incluso las mismas empresas, de no la discriminación de color de piel, raza, creencias religiosas, creencia política, orientación sexual, un gran número de personas diría yo que muchísimos siguen con el rechazo y el odio purito como buen panameño, hacia los gay.

Y nuestro libro no solo se tocarán estos temas, abarcaremos muchos otros temas relacionados al amor, la forma de amor, y desde otros ángulos el amor, porque el amor tiene varias caras y queremos descubrirlas.

Y me imagino que ya tuviste una experiencia amorosa, ¿cierto? Bueno, espero que lo hayas disfrutado, porque de eso se trata, de vivir cada día como si fuera el último, porque no debemos dedicar nuestro tiempo, al lamento, a las penas y a estar sufriendo por alguien que no te supo valorar o que no supiste valorar.

Y es que mientras se escribía este libro durante el 2021, dentro de mí se estaban desencadenando un montón de sentimientos encontrados y decisiones que debía tomar, pero que las circunstancias me obligaban a ser más conscientes de esas situaciones y necesitaba a analizarme, ya que estaba consciente que estaba siendo codependiente.

Van a descubrir que los puntos de cada capítulo están enlazados, pero que cada uno el toque personal de un autor diferente, que al final, el mensaje es transmitido con esa calidez y objetividad que buscaba al iniciar este proyecto.

Aún recuerdo cuando se me ocurrió la gran idea de volverme escritor, publiqué un estado de WhatsApp, haciendo la consulta sobre que podría escribir en un libro, y gran parte de familias y amigos me dicen, a escribe algo de amor, y todo lo relacionado a ello, y yo… no ni siquiera tengo algo que decir sobre ese tema, y fue ahí cuando algo que me ha encantado toda la vida, lo escribí; el liderazgo, emprendimiento y el voluntariado, y basados en esos puntos se presentó ese primer libro. Pero, si es que no tenía nada que decir sobre el amor, porque supongo nunca había pasado por el dolor de querer tanto y dar tanto a alguien que no valoró nada de eso, y fue en esas noche de llorar y no poder dormir ni comer, cuando dije, no individuo, déjate de eso, tu siempre has sido y serás alguien que aprende de cada situación y ve lo positivo de cada vivencia, a pesar que sea muy malo.

Me levanté de mi cama a eso de las 2:00 de la madrugada un 18 de junio de 2020, porque no podía conciliar el sueño y eso que tardé más de una semana en esa tontería dirían muchos, tomé mi computadora y me puse a elaborar los capítulos y cada punto que deseaba se pudieran plasmar, porque eran los sentimientos que estaba viviendo en ese momento.

Esa persona fue capaz de regresar una segunda vez, yo sin dudar dije que sí, porque era lo que yo decía que quería o era la ilusión, a veces ni nosotros mismos nos entendemos y nos aferramos sin pensar en nuestra salud mental. No fue un error, pero nuevamente fracasó, producto de sus sentimientos o inseguridades, faltó realmente trabajar en la relación y por recibir consejos amañados diría yo de personas que no veían la realidad. Pero, a todo esto, cuando culminó la relación, me sentí bien, cómodo, lloré, pero si en mi mente se paseaba el hecho de haber intentado y entregado lo mejor de mí. Es por ello, que en un punto de este libro, habla de vivir sin reproches, porque de mi parte no debía ni tenía que reprocharme nada, porque siempre estuve a disposición de apoyarle en todo.

En esa situación, aprendí mucho de su familia, más de su padre, que me recordó al mío, por eso en el otro punto habla de familias con mentalidad de otra época; eso lo veremos luego.

Cada uno debe aprender a manejar su propio dolor, ya sea por la separación de alguien que se aprecia y se ame mucho o la perdida física de un ser querido, pero, siempre será muy positivo contar con personas que te admiren, te respeten y sobre todo te valoren para que te brinden ese apoyo inigualable para que salgas de esa racha.

Muchas veces las personas quieren salir solas de su sufrimiento, y eso está bien, pero no todas las personas son capaces de manejar adecuadamente el dolor, y los puede llevar a una depresión muy profunda e incluso pensar y cometer suicidio. Y es por ello, que nos hemos tomado la tarea de expresarte nuestras vivencias, para que de la forma que consideres te pueda servir de soporte a la hora de pasar por momentos complicados en tus relaciones, contigo mismo o con algún ser querido.

2. Familias con mentalidad de otra época

A pesar que muchas personas de esta comunidad quieran defender sus derechos, como indiqué al inicio, no podemos sobreponernos o exigir, más si conocer el aspecto legal por la cual buscan crear beneficios y ventajas a la hora de establecer una relación de años. Sin embargo, cada uno tendrá su criterio sobre este punto, mi parte es la de contar que, como ya la sociedad, la religión (como un todo, los aspectos religiosos y no como una creencia) el pensamiento y la figura social ha establecido el concepto de familia, muchas familias atraviesan por el hecho de conocer que dentro de su núcleo familiar hay un o una individua con una orientación sexual ajena a la plasmada en la familia, y esto crea rechazo, odio, repudio, también lo podría decir por experiencias de mis conocidos y conocidas.   Pero, no podemos caer en estas prácticas de rechazo o querer justificar los medios para pedir a un hijo, sobrino, nieto, primo, que cambie. Muchos hablan de que es una enfermedad, y científicamente han demostrado que simplemente no lo es. ¡Dejar vivir a los demás y evitar estar criticando a todos a tu alrededor! Hay cosas peores por las que te debes estar preocupando como por ejemplo:

1. Los robos millonarios que se dan el gobierno y no se protesta por esto.

2. La falta de una educación de calidad y no se protesta por esto.

3. Infraestructuras dignas (escuelas, hospitales, calles etc.) y no se protesta por esto.

4. La contaminación masiva de nuestro ecosistema natural, y no se protesta por esto.

5. Las cientos de violaciones, maltrato intrafamiliar, prostitución infantil, homicidios, y no se protesta por esto.

6. Y mucho más, créanme, muchas cosas más importantes por la que podemos exigir y protestar como país.

Y dirán ¿Cómo que familias con pensamiento de otra época? Pues muy fácil, ya la sociedad y el mundo no son igual, o ¿no se han dado cuenta todavía? La gente tiende a rechazar lo que no está idealizado de acuerdo a la estructura normal existente, y es un proceso de aceptación normal que cualquiera persona debe pasar, pero esa aceptación no puede volverse una discriminación u odio hacia a lo distinto, la verdad hay tanta gente hipócrita, que dicen aceptar ciertas cosas diferentes pero que cuando les preguntan se les nota el desagrado. Les queda a las familias aceptar a sus miembros que sean gay o lesbianas y amarlos y amarlas porque son su sangre, porque es familia y así debe ser y por favor dejar la hipocresía a un lado, que nada ganan.

"Hoy, solo soy un medio para propiciar el camino para que mis colegas den a conocer sus propias ideas y experiencias."

CAPÍTULO DOS

Por: Indra Peralta

Luchando contra demonios

3. Como te mira la sociedad hoy

¿Qué tanto miedo, tenemos a enfrentar nuestros miedos? Es una pregunta que posiblemente no pueda tener una respuesta ipso facta, lo que nos obligará a reflexionar de manera detenida y profunda en nuestro interior. Frente a lo antes mencionado, planteo los siguientes escenarios:

¿Recuerdas cuando tus padres te soltaron para que dieras tus primeros pasos? Posiblemente no lo hagas, pero imposible negar la mezcla de emociones que pudiste experimentar durante esos momentos, marcando así una nueva etapa de tu historia.

¿Recuerdas cuando utilizaste por primera vez la bicicleta sin las rueditas de apoyo? Eso posiblemente sí lo hagas, ahí ibas tú, con el corazón acelerado, rogando no caerte y rasparte; pero podían más las ganas de aprender, de sentir la velocidad y de mostrarte orgulloso frente a quienes te acompañaban en ese momento.

¿Recuerdas cuando fuiste por primera vez a la escuela? La noche anterior tal vez estabas ansioso, nervioso, feliz, emocionado, o simplemente no comprendías del todo lo que sucedía. Pero cuando llegaste tal vez resulto caótico el separarte de tus padres, y tener que pasar horas en un mundo desconocido lleno de personas desconocidas, que parecían completamente ajenas a ti. Pero que posiblemente a los pocos días lograste desarrollar cierto grado de confianza y te adaptaste a ellos, y muy seguramente ahora tengas muchas amistades de esa época; es un posible escenario.

Con lo antes mencionado, tal vez estén en tu mente, un gran cumulo de buenos recuerdos cargados de felicidad de tu etapa de niñez o tu adolescencia, momentos en los que disfrutabas hasta más no poder y que parecían eternos. En mi caso disfrutaba demasiado visitar con mi papá a mi abuela en las tardes después de la escuela, siempre que llegábamos, ella me recibía con un beso y una taza de té de hierba limón; para mí eso era demasiado. Ella hacia que fuera increíble, luego nos íbamos a la playa que, por fortuna estaba bastante cerca, a recoger caracoles y piedritas (de colores) y cuando llegaba a mi casa me ponía hacer manualidades con ellas, para mi papá, mamá y abuela. Y realmente resultaba placentero el poder olvidar por pocas horas los momentos tediosos que pasaba en la escuela con las miradas de "bicho raro" de las cuales fui víctima y los comentarios que hacían otras niñas por mi cabello, por la forma de llevar el uniforme o simplemente por mi compostura física que para entonces era bastante delgada. La típica etapa escolar, que para algunos es fácil superarla, porque se adaptan al modelo o porque deciden ignorar; mientras que a otros nos costó mucho más trabajo, aunque también puede que haya a quienes aún les está costando superar.

Todos y todas estamos sujetos a paradigmas y etiquetas sociales, incluso mucho antes de nacer, estos pueden llegar a ser extremadamente pesados y a veces hasta ilógicos. Sin embargo, cuando ya tenemos un poco más de noción, que empezamos a cuestionar, a mirar desde una óptica distinta a la establecida, a sentir diferente al resto; obviamente nos encontramos con barreras y muchas veces las mismas son enormes; y a veces podemos llegar a creer que es imposible derrumbarlas, que estas son mucho más fuertes que nosotros. Dentro de todo, también llegamos a librar nuestras propias batallas internas, mismas que pudieron haber sido influenciadas por nuestro entorno. Batallas que pesan, que cansan, que desgastan, porque no existe peor batalla que la que libramos en silencio con nosotros mismos todos los días de nuestras vidas. Y es precisamente en este espacio en donde se manifiesta una gran "habilidad'" la de crear, alimentar y permitir que se fortalezcan en nuestro interior un sinnúmero de monstruos, algunos aventajados se manifiestan todos los días en pequeños escenarios, otros más pacientes se quedan en un rincón esperando a que se les dé oportunidad de salir, pero a través de un golpe bastante fuerte. Sinceramente no creo que exista una persona en el mundo que esté libre de ellos, contrario a lo que a veces los quieran hacer creer.

Pero qué sería de estos monstruos mentales sin la influencia de nuestro entorno, mismo en el que se nos dice "se tú", pero cuando intentas mostrarte tal y como eres, te frenan inmediatamente gritando "se tú, pero no así", totalmente contradictorio. Y se vuelve más complejo cuando intentas quietarte con todas tus fuerzas las cadenas a las cuales te encuentras atado por la formación que has estado recibiendo desde pequeño... Personalmente soy de la opinión que, siempre debes ser tú, siempre y cuando esto no hiera de manera intencional a quienes te rodean.

No obstante, puede que precisamente ahora te encuentres en medio de una balanza, de un lado está lo que debería ser correcto o adecuado para ti, según algunos, pero sucede que eso no te llena, no te mueve, no te da felicidad, mucho menos tranquilidad; al otro extremo está algo más que un sueño, tu pasión, que te llena inmensamente aunque resulté completamente descabellado para el resto. Es cierto, no se puede negar que muchas personas con las cuales tenemos un vínculo ya establecido desean lo mejor para nosotros, pero cuando esto no coincide con lo que realmente deseamos, se vuelve complejo; y es cuando toca decidir.

Ahora te planteo un escenario en el que tu niño interior se encuentra posiblemente atrapado en un lugar recóndito de ti bajo llave y ésta fue arrojada al mar, porque se supone que ahora con más edad, la sociedad nos exige que las responsabilidades sean enormes y vayan de acuerdo a los estándares ya establecidos, hasta ahí diéramos que bien 50 y 50; pero se falla al vender la idea de que no debe haber ni el mínimo espacio ni tiempo para juegos o respiros que te distraigan del camino, olvidando que no somos máquinas, y dado el caso que lo fuéramos, todo llega a un punto en el que de tanta sobrecarga el colapso es inevitable. Y a raíz de eso tal vez ahora te estas enfrentando a uno de esos días en los que te miras al espejo y dudas de la imagen que en él se refleja porque ésta se distorsiona, uno de esos en los que absolutamente todo te pesa, de esos en los que te cuesta abrir los ojos porque no sabes cómo enfrentarte a la realidad con la que convives, esos días en los que te cuesta encontrar el norte en tu brújula y por ende un rumbo bien definido. Uno de esos días en los que sientes que todo es oscuro aunque el sol esté brillando como si fueran las 12 del medio día; en los que una de las tantas emociones con las que nacemos encriptadas está a flor de piel, "Miedo" palabra corta, pero que pesa. Todos sabemos y de primera mano cómo se siente, así que no creo que haga falta una definición muy rebuscada en el diccionario de la Real Academia de la Lengua Española.

Tampoco se trata de que siempre tengamos la razón, que no debamos recibir algunas orientaciones, mentiría al decir tal cosa; sí, las orientaciones son necesarias, pero el problema está cuando son totalmente impuestas, sin ningún tipo de opción para ti. Ok, puede que no seas de ese tipo de personas que se trazan algo y son completamente fieles a eso, ese tipo de gente que a pesar de todas las adversidades que se pudieran presentar en el camino se mantienen optimistas; y eso es normal hasta cierto punto, porque como bien dicen "cada cabeza es un mundo" y pese a ello necesitamos una orientación. Por lo que tal vez sientes que perteneces a ese grupo en el que todos los días de su vida se encuentra en una constante encrucijada, luchando contra nuestras "vocecitas inocentes", algo que es cotidiano, que es real, que viven muchísimas personas, más personas de las que podrías imaginar, pero que se ven obligadas a vivir en una constante simulación de felicidad, por miedo al que. El miedo es una de las seis emociones primarias necesarias. Y sí, puede que coincidamos en que funciona como esa alarma interna que una vez activa, nos alerta y protege de situaciones que podrían resultar realmente desastrosas... En esa parte podríamos considerarlo un aliado, un maestro que nos acompañara a lo largo de toda nuestra existencia.

Cuando se habla del miedo este es clasificado en dos ramas: los miedos endógenos y los miedos exógenos. Los primeros haciendo referencia a aquellos que son innatos que "vienen con nosotros" el miedo a la oscuridad, a las tormentas eléctricas, a las tormentas de nieve, los huracanes, tornados, maremotos, rayos, ciclones, temblores, erupciones volcánicas, incendios forestales, aludes, a las bestias enormes. Estos ciertamente se súper activan cuando nuestra supervivencia se ve amenazada por distintas circunstancias que nos superan naturalmente. Y luego están los miedos exógenos los "adquiridos" los que nos brindan nuestro entorno conforme vamos creciendo; miedo hablar en público, miedo a la muerte, fobias que para algunos pueden resultar totalmente ilógicas pero para otros pueden llegar a desencadenar un sin número de desórdenes emocionales.

Ahora, te imaginas ¿Cómo viviríamos, si los primeros hombres y mujeres no se hubiesen atrevido desplazarse de un lugar a otro en búsqueda de mejores condiciones, comida, o a si fuera por curiosidad? Aún con la posible amenaza (según su imaginario) que los atacara y devorara una enorme bestia. No sé, ¿has visto el film animado de Los Croods? una familia de cavernícolas de una era prehistórica "croodaceous" (ficticia) que entre sus tantos problemas de convivencia, eran constantemente perseguidos por un enorme gato carnívoro. En esos momentos sus instintos de supervivencia los empujaban y los obligaban a mantenerse ocultos y solo a salir cuando fuera más que necesario; por un giro inesperado, estos tienen que abandonar lo que consideraban su hogar y salir a la aventura. Cierto, ignoraban muchas cosas, paisajes, la existencia de otras criaturas y personas, la existencia del fuego mismo... Ahora, podríamos decir que se estaban perdiendo del mundo, acobijados dentro de una oscura cueva, dejemos eso en 50 y 50 porque personalmente creo que en esos momentos ellos sí se enfrentaban a una amenaza real, que al menor de los descuidos los devoraría sin siquiera dudarlo, pero paradójicamente la historia da un vuelco interesante y sí no la has visto, adelante. Como esta, tenemos muchas otras historias, algunas ficticias otras basadas en hechos reales, en donde se mezclan: miedos exógenos y miedos endógenos; cada personaje ha encontrado una manera muy particular de vivir con ambos, porque son partes de nuestras realidades.

Todos aparentemente pareciéramos entender que sentir miedo es algo completamente humano, algo que simplemente no se puede evitar. Y digo supuestamente, porque creo que merezco una moneda por las veces que he escuchado a personas de mi entorno, erróneamente decirle de manera incesante a sus niños "tú eres varón y por tanto no puedes tener miedo" "los hombres de verdad no tienen miedo alguno", y a las niñas "serás una mujer débil si te permites sentir miedo" "no hay nada peor que una mujer miedosa". Palabras carentes de fundamento alguno, y creo que cuando se es demasiado insistente en algo tan delicado, que en el momento tal vez por ignorancia se crea que no tendrá repercusiones, lo cierto es que, dicho individuo puede crecer y desarrollar una personalidad errada de la realidad, creer que ocultarse está bien, que todo el tiempo debes adoptar una posición fuerte, que no puede haber ni el mínimo espacio para albergar el miedo, literalmente te conviertes en una esponja destinada únicamente a absorber; pero lo cierto es que de manera inconsciente van y vamos construyendo en su interior con nuestras emociones reprimidas, una enorme torre de naipes con enormes posibilidades de desvanecerse en cualquier momento y sin duda será peor, porque tendrá el efecto devastador de una avalancha, de la cual el impacto será más fuerte para nosotros que para quienes nos rodean; que sí puede que les afecte pero no a tu escala. Reprimirnos e incitar a otros a que hagan lo mismo resulta contraproducente, hasta tal punto de enfermar física, mental y emocionalmente; y es un patrón que se repite de manera constante en nuestros entornos, porque es una cadena. Y con esto tampoco quiero decir que debemos andar con miedo todo el tiempo, asustadizos o extremadamente sensibles, por supuesto que no, porque resultaría igual de desacertado el mirar de manera excesiva peligro todas las cosas y personas. El objetivo es encontrar el punto exacto en la balanza, sé muy bien que en palabras suena extremadamente fácil y muy romántico; porque hay que decirlo, en la práctica no lo es, esto es un proceso largo, que requiere tiempo, voluntad, desaprender, aprender, autoconocimiento, fortaleza y la guía adecuada.

Hablando de presión que se genera por el cómo te juzga o te mira la sociedad de lo que llegamos a reprimir a causa del miedo convirtiéndose todo esto en una cadena también, podemos hablar de los demonios que son la ansiedad y la depresión; que caben dentro de todo esto, mismos que en años anteriores eran un tabú prácticamente aunque especialistas en la materia trataban de hacer concientizar en la importancia de la salud mental. Pero siempre está el dilema con la sociedad en donde muchas personas no ven con buenos ojos que vayas al psicólogo, cuando debería ser igual de normal e importante que una rutina de medicina general. Diría que, por suerte en los últimos años se ha dado un importante avance en la materia aunque esto ha sido a causa de un sinnúmero de trágicas consecuencias; precisamente a raíz de callar todo, de acumular, de no tener la orientación adecuada.

Tener ansiedad o depresión, hablando de manera general porque estas tienen sus subdivisiones y no soy profesional para abordar este tema a profundidad, y lo hago desde lo que he vivido y algunas amistades me han logrado compartir; y sin duda alguna ambos resultan realmente agobiantes. Experimentas la sensación de cómo es estar asustado y cansado al mismo tiempo, no tenemos una edad exacta para experimentarlos. La ansiedad se alimenta de nuestros temores y a su vez produce nuevos, es convivir con algo que te ataca desde lo más profundo de tu interior; por otra parte en un escrito leí "la depresión es como una luciérnaga en la palma de un oso y al día siguiente es el oso" eso es totalmente cierto, no es algo con lo que puedas lidiar fácilmente, y aunque a veces creas que tú solo lo puedes superar, lamento decirte que no es así; necesitas una guía profesional, y eso para nada es motivo de vergüenza, todo lo contrario, es valentía, es sanación, es intentar tener un poco de paz, es liberarte de todo lo que has estado cargando.

Sí, por supuesto que puedes tener miedo de emprender un nuevo negocio y que éste fracase, miedo a escoger una carrera universitaria y retirarte a la mitad de la misma porque no es tu vocación, miedo a aplicar a una beca e irte a vivir fuera del país lejos de tu familia literalmente empezando de cero, miedo a mostrarte ante la sociedad tal y como eres con tus "defectos" cuando todos los tenemos, miedo a empezar una relación amorosa y resultar lastimado porque tal vez a tu alrededor no has tenido los mejores referentes. Pero ¿Qué pasa cuando este nos supera? Cuando dudamos de manera constante, cuando damos tanto espacio al qué dirán los demás: simplemente te congelas, no avanzas, no creces; lo que hace es que se roba cual pirata experimentado tus más valiosas y esenciales cualidades

Una de las tantas frases icónicas de Nelson Mandela que me han marcado a lo largo de mis 24 años ha sido "no es valiente aquel que no siente miedo, sino el que sabe conquistarlo", y eso no puede ser más cierto, y creo que aunque lo conquistes siempre habrá una mínima porción de él en ti hasta el último día de tu vida; por supuesto que la tarea no es precisamente fácil, pero es posible, sino volvamos al inicio de este capítulo, en donde te planteé distintos escenarios en lo que lógicamente tenías miedo, dudabas; sin embargo, lo hiciste, y así literal fuiste tachando un montón de pendientes de tu lista de "cosas por hacer y miedos por superar", y sí puede que te parezcan situaciones un tanto irrelevantes, pero por algo se empieza. Sino echemos un vistazo a la vida de grandes personajes de la historia o acontecimientos que marcaron notablemente una diferencia; por ejemplo antes los negros no gozaban de los mismos derechos y privilegios que el resto de la población blanca y fueron necesarios diversos movimientos para lograr cambios importantes en donde destacaron figuras como Nelson Mandela, Rosa Parks, Harriet Tubman, Martín Luther King, Malcolm X, James Baldwin,

Medgar Evers y muchos otros; antes las uniones interraciales eran extremadamente mal vistas y tenemos historias como las de Mildred y Richard Loving (con la se sentó un precedente porque la lucha permitió abolir de manera definitiva las leyes que prohibían estás uniones en Estados Unidos de América) y, la de Seretse Khama y Ruth Williams (él príncipe de la tribu Bamangwato de la República de Botsuana y ella una chica inglesa de clase media; dicha unión que era rechazada tanto por blancos como por negros, estuvo al borde de desencadenar en un conflicto diplomático entre Reino Unido y Sudáfrica); antes las mujeres no podíamos salirnos del molde ya establecido y hoy tenemos referentes como: Simone de Beauvoir, Frida Kahlo, Olimpia de Gouges y muchas otras.

Y así, en diversos escenarios siempre ha existido gente que se atrevió a luchar, a cambiar las cosas, a sacar sus mejores versiones al punto de inspirar y cumplir con sus propósitos de vida; aunque eso implicara ser repudiado por la sociedad, recibir críticas horribles todo el tiempo, teniendo algunos que abandonar sus lugares de origen y mudándose a otro, pasando tiempo en prisión por defender sus convicciones mismas que estaban fundamentadas; un sinnúmero de sacrificios, de caídas y levantadas, de miedos conquistados que más allá de un posible reconocimiento obviamente cambiaron sus vidas.

¿Qué hizo a esta gente tan especial? no fue que tuvieran más brazos de lo normal, dos cerebros, dos corazones; por supuesto que no, fue creer en ellos aun cuando no todos no lo hacían, conocerse y aceptarse, y muchas veces hacer casos omiso a lo negativo que sucedía alrededor.

Porque, te imaginas estar en tu lecho de muerte y empezar a recordar todas las cosas que no te atreviste hacer, todas aquellas cosas por las que no luchaste precisamente por el miedo a fracasar, al que dirían otras personas. Creo que peor resultaría peor esa culpa, que saber que no te quedaste con las ganas, que luchaste, que hubo caídas, pero que fuiste capaz de levantarte, analizar lo ocurrido y hasta lograr abordar tu sueño por otro camino. Porque aunque suene trillado tú eres el único que es capaz de ponerse sus propios límites, recuerda que es imposible agradar a todo el mundo, tus sueños no tienen que ser los mismos que sigan los demás, si tú verdaderamente crees, adelante. Respira profundamente y afirma "Soy capaz de esto y mucho más", porque como dicen nunca te dieron un sueño sin concederte también la facultad de hacerlo realidad.

Tenemos que atrevernos a llamar las cosas por su nombre y admitir que somos seres humanos con virtudes y defectos. Que habrá momentos en los que vamos a sentir que nuestras fuerzas fueron superadas, pero no podemos darnos el lujo de acostumbrarnos a eso, porque vida solo una; así que piensa ¿cuánta salud mental te puede estar costando el estilo de vida que estas llevando? Realmente vale la pena.

4. Aparentar o ser

Creo que de manera inmediata, todos vamos a coincidir y apostar al segundo concepto; porque sí, es lo que correcto; aunque a veces se tienda a recurrir al primero para cumplir con estándares o para sentirnos parte de algo, buscando tal vez llenar algún tipo de vacío que se pueda estar albergando y que hay que decirlo, jamás éste será llenado.

Definitivamente todos queremos ser felices no solo aparentarlo, porque de qué vale, estar por pocos minutos u horas en una constante obra teatral en la cual sabemos que siempre llegará el final y las luces de los escenarios se tendrán que pagar y regresar a la realidad.

Pero dentro de esto también podemos considerar de lo que mencionada en el texto anterior nos vemos influenciados por nuestro entorno; y sí hay casos en los que son víctimas de imposiciones y no ven otra salida que el aparentar ya en casos extremos, para conservar sus vidas; pero tampoco podemos negar que existen quienes simplemente acuden a este modo de vida para ganar una supuesta "aceptación" del resto. Primer error, jamás será suficiente, siempre habrá nuevas exigencias y si te concentras en intentar cumplir con todas o adaptarte a las mismas, al final te cansarás y perderás lo que posiblemente quede de tu esencia... Y aquí entran en juego factores determinantes como la autoestima, el autoconocimiento, que si no están cimentados con una base sólida, nos podríamos pasar todo la vida como unos simples muñecos de arcilla siendo moldeados como el resto.

Si ya es grave mentirles a otras personas, ahora a nosotros mismos lo es mucho más. Y creo que nadie debería conformase con tan poco, porque como bien dicen no hay nada oculto entre el cielo y la tierra, todo al final termina sabiéndose.

En el contexto social a muchas personas les gusta aparentar una posición que no gozan, lejos de que sea realmente algo que ellos quieren; vuelvo y repito simplemente para cumplir con supuestos estándares frente a personas equivocadas; cuando si hay alguien a quien tú le debes demostrar algo es a ti mismo. Es muy común ver a quienes optan por aparentar tener grandes riquezas, nuevo auto, ropa de marca, viajes, etc. Y dentro de ese camino habrá personas con las mismas carencias que se identifiquen o que asuman eso como su total verdad, como lo correcto.

En el plano familiar también lo vemos, el aparentar ser una familia unida, feliz por encima de todo cuando lo cierto es que hay cientos de realidades dentro del entorno de algunas familias. Mi esposo puede golpearme por las noches, hacerme sentir insegura, denigrarme y al día siguiente ya sea por miedo o por una dependencia absurda mostrarme como si no sucediera absolutamente nada, porque es importante guardar las apariencias; aunque todos muy en el fondo sabemos que de ellas no se vive y que contar con algo como esto, muchas veces nos puede librar de escenarios peores. Y como ésta, muchas otras realidades a las que algunas personas tienden a callar por miedo a que dirá el resto, cuando lo importante eres tú, tu tranquilidad, tu bienestar y el de los que de verdad te quieren y te valoran.

En el amor tampoco debe haber espacio para el aparentar, estás o no estás enamorado, quieres o no quieres, respetas o no respetas, eres feliz o no eres feliz, así de simple. No podemos ir por la vida compartiendo tiempo en relaciones en las que una de las partes decide no ser para con nosotros correspondiendo al sentimiento y no ser para el mismo como método de aceptación; y es lamentable porque no todas las personas tienen el hábito de ser sinceros, de evaluarse y reconocer que debe hacer ajustes a su vida, antes de lastimar los sentimientos de otros.

Aunque parezca algo trillado, cada persona posee una esencia que lo hace único y diferente al resto. Y tal vez la única manera de aparentar es si en realidad eres, si realmente posees dichas virtudes que merecen ser mostradas al mundo; pero si no, te recomiendo que no gastes tiempo de esta vida, de tu vida tratando de vender algo que no existe.

El ser y el parecer encuentran un vínculo únicamente a través de la realidad, no la imaginación o la suposición. Y tal vez creas que pasar tanto tiempo de tu vida pareciendo sin ser ya sea tarde o temprano, siempre hay oportunidad para el cambio siempre y cuando de verdad lo quieras, siempre y cuando de verdad decidas ser, más que por el resto, por ti mismo. Para quienes vayan creciendo tal vez resulte un poco más fácil de manejar siempre y cuando en sus entornos se les aclaren los conceptos, no se les viva juzgando de manera constante, se les brinden las herramientas, permitiéndoles conocerse y reconocerse como seres valiosos.

Siempre hay que encontrar el modo de hacer frente a nuestros miedos, de reconocer demonios, de decidirnos a ser nosotros, aunque para algunas personas de nuestro entorno resulte ilógico. Cierto vivimos en un mundo competitivo, en donde la mayor competencia no es el prójimo, somos nosotros mismos. Siempre debemos temer cuidado con las cosas que permitimos, que toleramos y nos lastiman; siempre aterrará el desaprender algo que creíste correcto o cierto durante toda tu vida pero por suerte tenemos la habilidad y oportunidad de aprender todos los días...

Llegas a un punto en la vida en el que simplemente no puede desperdiciar tu tiempo en cosas innecesarias en donde decides si realmente vale la pena estar bien con lo demás o estar bien contigo mismo, tal vez corras la suerte de encontrar un punto de equilibrio entre ambos, pero también pueda que no sea así, y por tanto te recuerdo que el tiempo de vida es uno de nuestros bienes más preciados y una vez que se agota, no hay refill como cuando te tomas un refresco en algún local.

Cuando decides ser auténtico, ser tú, sueltas cadenas. Por tanto trata con todas tus fuerzas de vivir tu vida como el protagonista principal, no te permitas quedar atrapado entre paradigmas sociales, vivir únicamente como otros piensan, no permitas que el bullicio y los malos comentarios te definan ni te apaguen, porque tienes un propósito, debes luchar y vivir por él.

CAPÍTULO TRES

Por: Querube Ortega

Vivir sin miedo a enamorarse

El amor, es un sentimiento complejo. Es algo que es aprendido desde tu gestación en el vientre de tu gestora. El amor es energía que dirigida en positivo ayuda a crear, crecer y desarrollar seres humanos a gusto consigo mismos. Este sentimiento conlleva etapas que deben pasar, para alcanzar su máximo desarrollo. Es un sentimiento que debería ser libre de egoísmo, debemos saber cómo y cuándo expresarlo. Este sentimiento conlleva etapas que deben pasar, para alcanzar su máximo desarrollo. En esta parte trataremos de dar un enfoque de cómo es percibido a lo largo de las etapas de crecimiento, como es visto por una mujer y un hombre. Durante la etapa adolescente y adulta, como es predominante el despertar de la sexualidad para ayudar a tu estabilidad emocional y cognitiva.

Amar es una aventura, como toda aventura tiene sus riesgos. Amar y entregarse a otro da miedo. Pierdes autonomía, por lo que espero que los tips o consejos que plasmemos en estos capítulos te sean de mucha ayuda y pongáis en práctica. Durante este recorrido, se amenizará el aprendizaje con historias reales y alucinaciones ficticias. Pero cualquier parecido con la realidad es mera coincidencia.

"Amar, es energía y como tal no se crea ni se destruye... se transforma y evoluciona"

Amar a otro es un compromiso... Pero primero comienza por uno mismo y después es dirigido a los demás: padres, hijos, amigos, esposos, amantes, etc.

El concepto de lo que es amar se va aprendiendo de abuelos, padres, familias. Pero ojo, esto no garantiza que ya sepamos y transmitamos un buen concepto de amar. Falta recorrer y experimentar. A través de estas experiencias podremos afianzar, cambiar y agregar nuevos conceptos de lo que es amar. Hay algo que se llama "primer amor", este evento puede marcar de forma significativa todo lo que va a representar amar a otro por lo menos los 10 a 15 años siguientes, dependiendo de cuándo sientas que estás en esta etapa.

Nunca tuve esa experiencia en la adolescencia. Digo me llegó a gustar un chico, pero la verdad para esa época estaba lejos de sentirme a gusto conmigo. No hubo un primer beso de amor, ni rosas, ni salidas los fines de semana. Hasta cierto punto me sentí fuera de este mundo.

Así que, mi concepto de amar lo tomé de la Biblia. El que te dice Amar al prójimo como a ti mismo, el que se enseña que es incondicional. Que es el que utiliza las personas para perdonar. Así que tomé esa experiencia y me dije que en la primera que pudiera lo pondría en práctica.

Amar a otro es descubrirse en la otra persona. No es que busques una mitad, es un complemento. Pero con el tiempo debes entender que la otra persona necesita su espacio y libertad y necesitan enseñarse porqué deben permanecer juntos.

Hay un punto de error que como pareja cometemos y es querer pasar mucho tiempo juntos. Está bien ciertos días. Pero la relación puede caer en una monotonía y más ahora que existe tanta tecnología. Así que nos pretendas contarlo todo, siempre ten detalles; un mensaje de amor, tú sabrás que mecanismos utilizar, pero de esto hablaremos más adelante…

Vamos a retroceder sólo un poquito... anteriormente mencioné "Ama a otro como a ti mismo". ¡Esta frase te lleva primero a que debes conocerte primero! Tus gustos, deseos, metas, tu concepto de amar, cómo te gustaría que te trataran. Lo que puedes permitir y lo que no vas a perdonar.

Al entrar en contacto con otra persona comienza la dinámica de conocerse. Normalmente, el hombre es el que conquista. Pero, en estos tiempos la mujer ha tomado protagonismo.

También hay un poco de querer controlar al otro. Dónde estás, que haces allí. La mujer no puede evitar sentirse como la mamá de su pareja. Así que hay una línea muy delgada. Y ninguno debe caer en esto. Si es bueno cuidar y estar pendiente... Pero como dije, es bueno dar espacio y estar allí para la otra persona.

Supón que te gusta conquistar y que te conquisten. Debes recordar que no puedes olvidar seguir así a lo largo de tu relación. Es un poco duro decidir si o no darlo todo.

De mi parte trato de darlo todo... Así no hay culpa de reproches, en caso termine la relación. Si no ha cuajado una relación duradera para mí no fue por falta de ganas. No era nuestro tiempo... a todos los quise mucho y los voy a amar para siempre.

Pero entiendo que debíamos bajar del tren. Cuando estás junto a otra persona son etapas. Depende de ti prolongarla más del tiempo. Hasta hacerse adultos mayores, pero hasta eso debes trabajar a diario.

Ese primer amor que se ubica en la adolescencia puede prolongarse, pero eso va a depender de lo que deseen los dos. También son muy jóvenes para enfrentarse juntos y defender su amor. Con esto hay una primera experiencia sexual. La cual conlleva sus riesgos, principalmente un embarazo no planificado. Si puedes retrasar esta primera experiencia hazlo. Hasta que sientas seguridad y apoyo por parte de la otra persona con el despertar sexual... ésta es una ganancia de independencia, donde tú decides cuándo y cómo, siendo consencientes que toda decisión trae sus consecuencias. También no debes dejarte envolver por tus amigos, tu enamorado. Tener relaciones no es un juego. Es llevar lo que conoces por amor en una expresión física corporal. Es bueno, tomarte tu tiempo y tener todos los cuidados posibles.

Mi primer despertar sexual no fue por amor. Sólo tenía curiosidad, si pudiera volver el tiempo cambiaría eso, con todo siento no me ha ido mal y todavía sigo aprendiendo.

Amar sin miedo a enamorarse, sin miedo a engancharse "Perder la Cabeza", no hay una regla o fórmula para no caer en eso. Nuestro cerebro entra en una etapa de enajenación y éxtasis. Por un tiempo solo quieres estar con esa persona, compartir con ella cada momento. Hasta cierto punto este sentir es normal, pero se debe tener cuidado en los extremos de amar poco a rayar en la obsesión.

Amar es un sentimiento que te enriquece y te llena de mucho bienestar. Siéntete orgulloso; no todos saben cómo amar o expresarlo, sienten pena o son egoístas. Amar es ir más allá de ti mismo, en su máxima expresión ayudar y buscar el bienestar común en pareja o simplemente ayudar al otro a alcanzar sus metas. El Enamorarse es el primer paso para llegar a esa etapa. No te arrepientas de sentirlo, es mejor amar y expresarlo a lo contrario de eso. Amar a otro te lleva a la evolución de tu vida espiritual.

De mi parte a cada persona que haya considerado especial en mi vida. Le dije "Te Amo". Expresarlo ya implica compromiso y hoy por hoy, aunque no estemos juntos todavía siento que expresarlo no fue en vano.

Entiendo que, aunque no fuera nuestro tiempo me enseñaron a crecer interiormente. Recuerda que mencioné que amar a una persona, es pasar por una etapa y a veces debes dejarla partir. Es cómo bajarse del tren en la siguiente estación y tú debes continuar, pero esta vez, siendo más interdependiente, alcanzaste a amar más allá de ti mismo.

5. Sufrir por amor

Es inevitable que no sientas dolor cuando de amor se trata y sientes que no eres correspondido. La mayoría de las personas no saben amar o expresarlo y van haciendo estragos a otros, confundiendo las cosas, engañando, siendo egoístas o peor aún cómo a mí me hicieron daño… yo también lo manifestaré.

Este tipo de agresión no lo notas a la primera y debes tener tus sentidos muy activos. NO es tener miedo, es ser cuidadoso en quién inviertes tu tiempo y energía. En la relación debe haber reciprocidad, sino lo estás sintiendo, admitir que la otra persona sufre de un "vacío emocional" y a este punto es mejor alejarse, soltar, si no hay solución. Puedes intentarlo y pasarán años demostrándole a alguien más cómo amar, decirle que es especial e importante y lo más seguro no serás correspondida(o) en ese momento. No todo es en vano. Si a este punto comienzas a manifestar síntomas de depresión, es necesario que asistas y busques ayuda profesional.

Sufrí por amor, porque me entregaba por completo y trataba de construir algo, pero nada floreció en el corazón de la otra persona. Con todo recogí mis pedazos rotos y volví a empezar, siempre con la idea ¡En este mundo hay alguien para mí! Me dolió hasta el alma, aprendí a tener un proceso de duelo de días, a analizarme y la respuesta era siempre un vacío emocional por parte de esta persona, que estaba enganchado a alguien más y no me quería lo suficiente. Es cierto, nunca me prometieron nada, pero en el fondo muy en el fondo guardaba la esperanza.

El desamor es la falta de afecto o cariño hacia esa persona que tenemos o queremos y ciertamente no es que no se quiere a esa persona si no que a veces con una actitud de parte de ellos hace que cambie nuestro comportamiento, no es dejar de quererlo si no que de cierta manera yo no será lo mismo.

A veces queremos tanto a una persona de tal manera que la ponemos en un pedestal esa persona se convierte en tu todo.

Solo tienes ojos para él; tu solo piensas en él, piensas tus planes a futuro todo lo que quieres hacer con él. Pero llega el momento en que te falla de manera inexplicable. Allí empieza el desamor, el desinterés hacia esa persona y por más que la quieras las cosas no cambian porque por más que tu corazón quiera... tú mente no te deja hacerlo, porque te recuerda una y mil veces lo que pasó.

"Dicen que al pasado... pisado, pero eso es mentira"

Siempre va a haber algo de ese pasado que vive aún, vivirá siempre y estará en tu futuro. Tú nunca olvidarás, te quedan los recuerdos y lo que significó esta persona, simplemente aprendes a restarle importancia. En esta etapa, el desamor no es igual para todos unos lo expresan con palabras otras con actitudes o actos.

Dicen que el desinterés hacía una persona es por falta de amor, pero lo que es verdad es que no solo es amor también es la confianza, respeto y sobre todo sinceridad todos somos diferentes no todos lo expresan de la misma manera.

6. Apegos y costumbres

A pesar que este libro fue escrito en su mayoría en el 2020, han pasado por mi vida otras dos relaciones que por no estar seguro o convencido realmente de lo que necesitaba en mi vida, no florecieron.

Nunca debemos confundir un verdadero amor, por un apego o una costumbre, ya que en este error caen muchas relaciones, todo se vuelve monótono y no se ve alguna salida para ello, que quedarse en este círculo por muchos años, obviamente siendo feliz a medio y no entregando por completo tu parte como relación

Posiblemente, a pasar de los años, nos damos cuenta que no estamos en el lugar correcto o con la persona correcta, hacemos y deshacemos de nuestra vida y de las personas que nos quieren acciones negativas que no alimentan ni dan algo para cosechar.

Es increíble, que duré 4 años con alguien que simplemente me daba seguridad, cariño y comprensión, se sentía bien ese trato, ese posible amor que recibía, sin embargo, por más que lo intentaba, no podía dar lo mismo. Luego de algún tiempo nos damos cuenta que somos seres infelices, ¿por qué seguir allí donde no somos felices? Ya en los puntos anteriores, hemos reforzado la importancia que tienes tú como individuo, como persona, como amigo (a), por más situaciones que ocurran en tu vida, siempre,

siempre, siempre, debes buscar el lado positivo de eso, la oportunidad, las bonitas experiencias y vivencias, el aprendizaje y conocimiento que adquiriste.

A veces nos quedamos en el lugar y con la persona por costumbre, porque a pesar de lo bueno o lo malo, seguimos ahí, por más que otras personas nos digan que no estamos bien y nos hacen daño. Porque somos muchas veces tercos, porque nos ponen en la cabeza que no tendremos o podremos tener algo mejor.

Recuerdo cuando mi madre, me informó que había tomado la decisión de dejar a mi padre, por los motivos que ella quisiera que fuesen, que ya no era feliz, que no sentía amada, que ya no quería a mi papá como cuando lo conoció. Mi respuesta fue muy simple, es su vida, sus decisiones, su felicidad usted elige que hacer y no hacer, y mi padre, deberá entender su situación y su punto de vista, si definitivamente su relación ya no tiene una solución, adelante. Y fue así, mi madre terminó su relación de 26 años con su esposo, donde tuvieron 4 hijos contando conmigo, y definitivamente hay un claro ejemplo que por muchos años, mi madre, no era feliz, hasta que agarró fuerzas para tomar su decisión, así saltar y volar con sus propias alas.

Por otro lado, a mi padre le tocó aceptar como todo un caballero, respetó la decisión d aunque le doliera y sin pensar en el qué dirán. En otra situación peor, posiblemente hubiese tomado represalias contra mi madre, y sin comparar, en otras familias y personas, vienen las fuertes ofensas, disputas, inclusive hasta cometer femicidio. Siendo Panamá un país que constantemente vemos esta violencia hacia la mujer, mi papá fue un claro ejemplo de un hombre maduro.

En los últimos años, también se ha visto la muerte por manos propias, de parejas del mismo sexo, que terminan con la vida su pareja, recuerdo el caso de la maestra y el otro caso del cuerpo en cerro patacón y otros casos que debes conocer, sin duda, es de temer acabar con la vida de una persona con la que has compartido muchos años, decir amarla y terminar con su vida. Por eso, que hay que dar más prioridad a la salud mental, que en el 2023 desde la legislación del país se aprobó una ley que buscará fortalecer ese aspecto tan pero tan importante para la sociedad en general.

Las personas piensan, que es mejor quedarse en su depresión en ves de buscar ayuda y recibirla.

Puedes perder a un ser querido y hundirte en la desgracia, dejar de ser tu mismo, dejar de disfrutar de la vida, por estar en el llanto, no concentrando tu energía en ser feliz y hacer lo que te gusta hacer.

Si estás en un vacío emocional, piensa en ti, y sé esa persona luchadora que te ha caracterizado en la vida y en las personas que te rodean. **Dios tiene su propósito contigo, y lo vas a lograr.**

CAPÍTULO CUATRO

Miedo a dejar y olvidar el pasado

Lo qué pasa en nuestra vida, sea bueno o malo, tomarlo en cada momento desde lo más positivo de la situación que se vive, cuando nos sentamos y analizamos cada cosa que ocurre, es por una razón divina y nos toca conocerla y aceptarlo.

Debemos aprender a saber dejar, a no depender, a arriesgarnos, a ser fuertes, luego de habernos conocido, de saber por donde es el mejor camino y dar el paso sin miedo.

El pasado ya pasó, no se puede olvidar el pasado, se vive con él, se aprende a convivir con él, a que no nos afecte, que nos haga fuerte, que nos permita convertirnos en luchadores y mejores personas en cada momento y situación, desde esa experiencia pasada no volver a cometerla, y no ser masoquistas con nuestras decisiones.

7. Temor a ser señalados

El miedo que la gente nos diga y nos critique por quienes somos, que nos guste y como nos vemos, aterra a muchas personas. Y es aquí en este punto, que retomando este proyecto en 3 años después, donde mantengo una relación con alguien que ha tenido su proceso de aprendizaje a mi lado, sabiendo mis experiencias pasadas, y la entrega que ambos tenemos en pro de una mejor relación.

Todos tenemos nuestros propios conflictos internos, nuestro pasado que nos agobia en muchas ocasiones, nuestros gustos, nuestra visión como individuo social, nuestros temores de qué otras personas lo sepan y más las personas que nos aprecian y quieren.

Todo esta tensión la estaba viviendo él, hasta que las cosas por sí solas se iban dando, el compartir con su familia y las personas que ama, hacen notarse el grado de responsabilidad y seriedad sobre el asunto, la pareja no será el motivo de dar a conocer sus gustos, sin embargo, es una decisión personal de vivir sin miedo a ser señalado y criticado.

Nadie te puede obligar a decir o hacer lo que tú NO quieras hacer y o decir. Vivimos en una sociedad que es expertas en juzgar, y bueno pues, los que nos queda es ser feliz a nuestra manera, sin conflictos, sin herir a nadie, sin dañar a nadie. Siendo nosotros mismos, sin perder nuestra esencia como personas que también buscamos nuestro lugar en este mundo con tiempo definido.

A pesar de los muchos títulos, muchas cosas materiales, dinero, trabajo. ¿crees que eso te hace mejor? ¿te hace superior al resto? No, puedes tener todo lo que tu desees en la vida, pero nunca eres ni serás mejor que nadie, sino que mejor que tú mismo, contigo mismo. No busquemos comparaciones con nadie, ni sentirnos limitados o inferiores al resto de personas, "LA HUMILADAD" de tu corazón "LA TOLERANCIA" de tu ser, "EL RESPETO" y "AMOR" a tu prójimo, "LA PRUDENCIA" de tu personalidad y el legado POSITIVO de acciones en pro de una mejor sociedad son cosas que realmente valen y es más, con esos aspectos y valor, te recordará la gente.

El dinero no puede comprar tu destino, ni comprar la vida eterna, y como no es eterna, nos queda disfrutar de cada segundo que tengamos, al fin y al cabo, no somos más que un cuerpo que en algún momento dejará de existir. Entonces, no hay necesidad de dañar a nadie con comentarios despectivos, por que NO es tu vida, siempre y cuando que no esté dirigido para apoyar, animar, brindar aliento, ahórratelos mejor.

8. Vivir sin reproches

Hoy 24 de febrero de 2023, estrenó la canción de Karol G y Shakira, TGQ, ambas, mujeres fuertes, poderosas, que lo dan todo, que a pesar de sus fuertes rupturas amorosas y que es de conocimiento de todos sus fans y seguidores, el dolor que pudieron haber sentido y transmitido a través de la música, es notable y entendible.

Una Shakira que dedicó música de amor y admiración a ese ser que se entregó a ella un "Me enamoré" por ejemplo, pero que luego de ser cambiada por otra, salen a relucir otras historias, "Monotonía", "Te felicito" y lo que claramente no podía faltar, la "Session #53" con Bizaraps, y por otro lado Karol G, con "No me vuelvas a llamar" y otras más que están orientadas a expresar sus sentimientos con lo que hacen y les apasiona.

**Las mujeres ya no lloran, las mujeres facturan -
Shakira.**

Nunca nos debemos sentir culpables si por nuestra parte únicamente fue entrega total a la otra persona, así sea que la otra persona muera por cualquier causa y tengas ese dolor muy pero muy marcado, no te sientas culpable. Vive, ríe, llora, disfruta y recuerda con amor cada bonito momento.

Podemos seguir con nuestra vida, volver iniciar, como lo dice otra parte de este libro, sin dejar de perseguir nuestros sueños y anhelos. El reproche no puede ser aceptable por ninguna razón si has tratado de ser una persona excepcional con tu pareja.

¡Amemos, perdonemos y vivamos al máximo cada aventura de nuestra corta existencia!

CAPITULO CINCO

Por: Annie Pascual

Viviendo una cruda realidad

A lo largo de la vida, nos encontraremos sumamente sumergidos en una realidad distinta a la soñada, anhelada o creada por nuestra mente, aspiraciones e ilusiones. Es aquí en donde empezamos a "Vivir nuestra cruda realidad", la sociedad actual, resalta el amor de manera romántica, en donde encontraremos a una persona ideal y viviremos felices por siempre, vivo ejemplo de esto antes mencionado, las famosas "películas y series románticas".

Desde la adolescencia siempre mantuve este ideal de conseguir a la persona perfecta, la cual amaría mucho, con la cual no tendría ningún tipo de discusión, además de tener hijos perfectos y demás, pero a medida vamos creciendo y formando nuestro carácter, tomando en cuenta lo que observamos día a día, nos percatamos de que esta realidad creada, es solo eso, una creación de nuestra mente, y esta realidad creada es cambiada por la cruda realidad, la cual es diferente una de la otra, miras y observas a tu alrededor y te das cuenta de que, nada es como lo imaginaste en algún momento de tu vida, en mi caso, adolescencia. Al momento que empiezas a observar esta cruda realidad, observas que definitivamente es todo lo contrario a aquella realidad imaginada, desmintiendo también a aquello que nos presentan las películas románticas.

En la cruda realidad, observas las discusiones de manera muy seguida, las personas no viven felices para siempre, "viven y se mantienen hasta donde sea sano", las personas están juntas porque se necesitan, no porque se amen, están juntas "por los hijos" y para mantener la estabilidad emocional de estos últimos antes mencionados, recordemos que de alguna u otra manera el que los padres estén separados afecta de manera emocional a los hijos, puede desencadenar distintas situaciones nada favorables, en ciertos casos hay aceptación y en otros no, sin dejar atrás que hay casos en los que esto no afecta de manera significativa.

Otra cruda realidad es aquella en la que se da amor, pero no se recibe de manera recíproca, que quiere decir esto, que uno de los dos cónyuges ama tanto al otro, pero este otro no lo hace de la misma manera o no lo haga, es aquí en donde entra el asunto del amor no correspondido, y por más que luchemos por seguir con esa pareja, nada mejorará si no te aman de manera recíproca. Continuando con las crudas realidades, encontramos también aquellas parejas que viven por el tiempo que tienen de estar juntos, estas se acostumbran tanto a la monotonía, que aprenden a vivir así, y otras que simplemente están por el interés económico y el famoso "estatus social", no podemos dejar atrás a aquellas parejas que están juntas porque aman a su cónyuge, pero esto no sucedió por suceder, antes de amar a esta pareja, pasaron por tanto, una de esas situaciones fue la aceptación, cabe destacar que muchas personas dicen "estoy en espera del hombre o de la mujer perfecta", ¡Gran error! No existe tal cosa, solo son una idealización, un estereotipo, creado por nuestra mente y en ocasiones por la sociedad, ya que, no existe hombre ni mujer perfecta, que no tenga defectos, malas costumbres, en fin, un sinnúmero de características, pero es aquí en donde entra la aceptación, "acepto tal cual como eres, porque te amo", esto no quiere decir que tengamos que aguantar otras ciertas situaciones.

Dicen que, para amar a otra persona, primero debo amarme a mí mismo, y es tan cierto, y esto es lo que te permitirá amar a alguien más, tomando en cuenta también de que el amar es una decisión, yo decido, a quién amar y a quién no, a quién darle la oportunidad y a quién no, y esto no es ser egoísta.

A lo largo de mi vida he aprendido tanto del amor, así mismo de cuánto bien y cuánto mal, te puede hacer, valiéndome de estas experiencias, simplemente he optado por trazarme un ideal o un modelo a cumplir, "Amar hasta donde sea sano", ya que, todos los amores no siempre nos hacen bien, he soñado tanto con encontrar o conseguir a alguien que me ame y llegar a amarlo de la misma manera, tomando en cuenta de que en algún momento se darán discusiones y que estas situaciones se puedan resolver como los adultos que somos, además por el sentimiento que compartimos, dicho sea de paso, aceptando cuando no tenemos la razón, pero en los tiempos en los que estamos, somos muy pocos los que amamos con esa intensidad.

9. Intentar o dejar

Con el pasar de los años y así mismo de la experiencia, llega un momento en tu vida en el que te dices, ¡ya no estoy para esto! ¡no me encuentro en esa potestad de conocer a alguien más! y en ocasiones te preguntas, ¿Volver a empezar nuevamente con alguien más? simplemente te respondes, no tengo tiempo para eso, la vida es muy corta, para desperdiciar su curso, pero más la desperdicias, luchando con algo que no tiene futuro, que no tiene rumbo, ni sentido.

Es aquí en donde hay que decidir si seguir intentando y luchando contra eso sin fin alguno, con eso que no tiene cabeza ni pies, con algo que no enriquece, que no aporta y que tampoco camina, y por el otro lado está simplemente la otra opción que tiene como objetivo sanar y encontrar tu paz, no hay mayor acto de amor que amarse uno mismo, soltando aquellas cosas que no te hacen bien y que indudablemente no son sanas para ti. ***Muchas veces cometemos el grave error de dar de más a alguien que no daría lo mismo por nosotros***, no es malo, pero sí doloroso, mi viva experiencia me arrojó a esto antes mencionado, ¿Cómo lograr superar esto?, dejándolo atrás, por más sentimientos que tengas, por más que te estremezca, ese dolor no durará para siempre, no te destruyas regresando al mismo sitio en donde te hirieron, en donde te hicieron daño, en donde te quebraron y te dejaron en mil pedacitos, la vida es tan corta y tan linda, para andar brindándole todo tu tiempo a alguien que solo te quiere por momentos, por ratos, cuando se acuerda de tu existencia o cuando necesita algo de ti, nadie merece eso, todos merecemos , una persona buena que te de tranquilidad al hablarte o al abrazarte, merecemos un amor puro y recíproco que te ame con todo y tú de igual manera ofrecer lo mismo.

No vivas con el miedo de dejar aquello que te no te hace bien, dando la simple la excusa de que estarás o quedarás solo, o por el miedo de quedarte así, trabaja en ti, busca tu paz y cuando la encuentres verás las cosas, desde otro punto de vista, desde otra perspectiva, en ocasiones nos hacemos tanto daño, rompemos nuestro propio corazón, idealizando a aquella persona, al esperar que nos den todo aquello que nosotros brindamos y esperando que se dé, con la misma intensidad.

Escucharás que muchas personas te dirán te vez mejor y feliz, y sólo dirás, no cambié, simplemente entendí, no te preocupes, si hay que empezar de cero, ¡Se empieza!, así mismo, tarde o temprano llegará ese alguien que recogerá cada uno de esos pedazos y no soportará verlos rotos, buscará la manera y forma de volverlos a unir todos ¡Confía! todo llega a quien sabe esperar.

10. Volver a enamorarse

Es algo de locos, que luego de varios años, las historias que he vivido con otras personas, los fracasos que sé que son por parte mía o de la otra persona, puedo decir, que me he vuelto a enamorar. Y es que no es complicado, es sumamente complicado -jaja- 😊 pero como todo en la vida nada es imposible si uno lo quiere, se lo pone como objetivo y se traza la meta de ser feliz ya sea solo o con alguien que tenga ese mismo amor para dar y para recibir, adelante. No tengas miedo a volverte a enamorar, total, es ensayo y error, tememos muchas veces terminar relaciones por el qué dirán, o el qué pensará la gente de mí.

Aprende esto, "No vives de los comentarios de los demás" tu más que nadie sabrá qué decisiones tomes en tú vida y si estarás dispuesto a vivir con las consecuencias de esas decisiones.

Debes aprender a soltar, a repensar, a analizarte, ser muy objetivo con lo que verdaderamente deseas para tú vida, Dios siempre tendrá lo mejor para ti. Solo debes pedírselo de corazón.

Seguiré dándolo todo como ser, como individuo de la sociedad, como colaborador, como amigo, como compañero de clases, como hijo, primo, hermano, como pareja. No importa que tantos errores comentas, sino que no los vuelvas a cometer con el mismo grado de ingenuidad. ☺

Dilo, "estoy dispuesto (a) a ser feliz, a reír, a cantar, a disfrutar de mi corta existencia, soy luz, soy energía positiva, tengo mucho que dar y bastante por recibir, cosas buenas, abundantes y positivas que me llenen de vida, esperanza y motivación genuina",

CAPÍTULO SEIS

Por: Yailin Juárez

El pasado es historia

¿Qué pasa por nuestra mente cuando escuchamos o decimos iniciar de cero? iniciar de cero, aunque parezca algo sencillo como decir es soltar o dejar ir, va mucho más allá de esta corta definición a la que la mayor parte de las personas estamos acostumbrados a decir o que nos digan cuando debemos afrontar una situación que conlleva un nuevo comienzo.

Iniciar de cero es, enfrentarse a nuevos retos, a escribir y construir un nuevo capítulo en nuestra vida, son cambios, procesos que nos transforman emocional y espiritualmente, nuevas oportunidades y consigo también para muchos como primer aspecto entraría el miedo.

Este aspecto en algún momento de nuestras vidas desde que damos el primer respiro al nacer es algo que experimentamos y a lo cual nos afrontamos. Digo esto ya que desde que llegamos al mundo debemos INICIAR DE CERO, y depende únicamente de nosotros el ser lo suficientemente fuertes mental y físicamente para tomar la decisión de afrontar la vida y escoger la mejor estrategia a utilizar para ser felices.

Me encanta la frase iniciar de cero, ya que me hace recordar y sé que a muchos de ustedes también les pasa igual que se les presenta un problema, una dificultad o un contratiempo como lo deseen llamar y que eso será el comienzo para un nuevo cambio.

Casi siempre se debe iniciar de cero ya sea, en una relación de pareja, al cambiar de trabajo, puede ser también el ambiente social en el cual normalmente nos movemos, personal o emocionalmente, en fin todos experimentamos algo de esto en el transcurso de nuestra vida.

Algo importante y que deberíamos recordar siempre, es que, para iniciar de cero, no significa que debamos olvidar el pasado como comúnmente escuchamos o un amigo, familiar u otra persona nos lo dice cuando atravesamos una no tan buena experiencia. Basta con que aceptemos y aprendamos a soltar y porque no de vez en cuando recordar esas fallas que cometimos para así no volver a caer en lo mismo. Debemos ser valientes y saber que en este transcurso podemos sentir que no tendremos escapatoria, sentimos esos nudos en la garganta cuando algo dentro nos oprime tan fuerte que queremos explotar en llanto desconsoladamente; pero si queremos llorar, tomarnos un tiempo a solas, pensar o cambiar lo que éramos antes, y si presentimos que es la mejor decisión y que esta nos va a hacer feliz, debemos tomarla...

No existe un librito escrito que nos va a dar pasos exactos para lograr ese nuevo inicio. Existirán cada día que los grandes cambios inician con pequeñas decisiones, decisiones que nos llevarán a experimentar, vivir y querer día a día volver a levantarnos y volver a iniciar.

Aunque parezca quizá algo tonto o irónico; el tan solo hecho de vernos al espejo, sonreír, pensar positivo y ser amable con la persona que estás viendo en ese momento; te darás cuenta que eres ese epicentro de toda una aventura por vivir.

Creamos más en lo que somos, sintámonos capaces de lograr todo aquello que nos propongamos, lancémonos a nuevas travesías, lo importante aquí es no pensar en cuántas veces intentemos algo, sino en cuantas veces nos hemos levantado. La experiencia positiva que nos servirán quizá para emprender un nuevo proyecto, vivir una mejor relación de pareja que gire en un entorno saludable y demostrar al mundo que los comienzos son el mayor acto de valentía que un ser humano puede afrontar.

11. Empezar de cero

El secreto de una vida rica es tener más comienzos que finales. (David Weinbaum)

Esta frase en lo personal me hace recordar, en que al nacer primero debemos por nosotros mismos iniciar a adaptarnos a la temperatura, al ruido de los autos, a la voz de nuestros Padres y demás familiares, al sonido de la música y de esto pasamos a comenzar a movernos en una superficie plana darnos la vuelta, iniciar a gatear en donde caemos, no una sino montón de ocasiones, pero como niños tenemos una fuerza de voluntad inmensa, la cual nos lleva a dar ese gran paso a una serie de cambios que conlleva el caminar y de allí ya sabemos lo que viene …aquellos cambios de niño a adolescente, cambios hormonales, emocionales en fin que aunque no los veamos yo en lo personal los llamo *"MIS MÁS VALIOSOS COMIENZOS"*, puesto a que me formaron física, emocionalmente y espiritualmente.

Mentiría si les digo que siempre he sido valiente, positiva y que no he tenido miedo a comenzar algo de cero.

Mis mayores recuerdos son de bachillerato hacia adelante, en donde me enfrente a un lugar distinto, a nuevas personas, nuevo colegio, dejar a mi familia por cumplir una meta anhelada, miles de emociones al darme cuenta que en esa decisión le había dado a mi vida un giro de 360°. El tiempo pasó y en esos 3 años de bachiller no todo es como uno se lo imaginaba, eran más compromisos, responsabilidades, aprender a ser independiente y afrontar muchas cosas sola, no saber por dónde iniciar, por el temor a fallar en algo, fallar a familiares, en fin para irme un poco más acá... hoy día que puedo decir que he vivido las etapas de una formación académica a profesional la verdad me siento feliz de ese comienzo de cero que di para buscar mi meta, ya que, sin todas esas preocupaciones, desvelos, en donde sentía que quizá no podría seguir y al no salirme algunas cosas como las quería, en ese entonces lloré sintiéndome súper decepcionada de mí, sin saber si levantarme una vez mas o simplemente dejarlo así; a pesar de todo aquello sin mentirles y es lo que me parece grandioso, es que siempre me aferré a esos recuerdos de niña en donde era feliz jugando algo que luego se convirtió en mi carrera universitaria.

Con todo esto quiero hacerles saber que los comienzos no son fáciles y todos los hemos vivido de diferentes maneras o inclusive otros no hayan experimentado tanto, pero si de algo estoy segura es que la vida es hermosa con cada paso que damos, cada respiro, cada color del amanecer, lluvias, tormentas en fin…La vida está llena de aventuras y nuevas experiencias en muchos aspectos y bueno tomemos lo positivo de cada cosa vivida y de lo negativo solo aprendamos y vayamos a por un nuevo intento.

"NO ES MÁS FUERTE EL QUE NUNCA HA FRACASADO, SINO QUIEN FRACASÓ MILES DE VECES, SUPO LEVANTARSE Y NO SE DIÓ NUNCA POR VENCIDO" Yailin Juárez

12. Sin miedo y con nuevas energías

Cuando hablamos de sin miedo y con nuevas energías, se nos viene a la mente tal vez dejar atrás eso que nos quita poder afrontar algo y salir nuevamente a demostrarle al mundo que podemos ser más capaces de grandes cosas.

El miedo, es un sentimiento que es algo muy cotidiano en nosotros los seres humanos en donde tenemos esa sensación de enviar una alerta de peligro tanto a nuestro cerebro como al resto de nuestro cuerpo cuando nos encontramos en un entorno o situación que no nos genera total seguridad. Si podemos ir un poco más, muchas veces dejamos que este sentimiento nos quite la energía, la ilusión por algo o inclusive nos quita lo que pudo ser la mejor experiencia vivida. El miedo es algo normal y que nos mantiene alerta y es ¡cierto!, pero hasta cierto punto y lo digo de esta forma, ya que a medida que persistimos con este sentimiento y vamos perdiendo el control, nos dejamos dominar por éste y dejamos que defina nuestra vida en muchos aspectos.

Si nos vamos al aspecto amoroso, ¿cuántas personas no se han encerrado en una burbuja por temor a que esa otra persona que llegó les falle?, ¿Creo que no estoy tan alejada de la realidad de muchos cierto?, veamos un poco más... Lo que sucede es que, como dije anteriormente el miedo es un sentimiento de alerta y tendemos a asociarlo siempre a cuando algo malo va a suceder, más no vemos el lado positivo; que sería aprender a poner un poco más en práctica en lograr un equilibrio entre los pros y los contras para que este no nos quite autonomía.

Cabe resaltar que tal vez las principales causas de los errores que cometemos y que luego nos hacen caer frecuentemente, es el miedo de entablar una nueva relación y darse a conocer a otra persona son las siguientes:

Tendemos a elegir a la primera persona que se nos cruce sin tan siquiera darnos el tiempo de conocerle.

La persona parece ser divertida y asociamos eso con que puede ser un o una excelente pareja para nosotros y no significa que esa persona sea muy buena.

Nos encanta porque nos hace reír mucho, le gustan las aventuras, fiesta o se tiene algo en común lo cual nos cae como anillo al dedo, pero esto no significa que sea la persona más apta.

Nos dejamos llevar más por las palabras y luego nos damos cuenta que no es una persona de hechos. En fin, estas son solo algunas de las posibles causas que a muchos nos llevaron a caer en eso que llamamos miedo y que es difícil de superar. Pero con el paso de esa experiencia vivida que no fue agradable, que nos causó derramar lágrimas, que nos sacó de ese mundo que creíamos perfecto y que sería como en las películas la frase "el vivieron felices para siempre", es una total equivocación. No podemos tenerle miedo al amor ya que, el miedo o temor nos quita la felicidad y nos pone a la defensiva constantemente, mientras que a otros les hace hacer llevar su ego hacia las nubes.

Pasa que, por ese temor, decidimos en algún momento como lo hace la mayoría darse esa nueva oportunidad de ver si las cosas funcionan y ese sentimiento de inseguridad por una mala experiencia vivida es constante, la cual le mantiene alerta y una situación mínima de incomprensión le lleva a hacer de esa situación un verdadero problemón como muchos lo hemos visto con alguien que conocemos o con nosotros mismos.

El temor nos hace crear una barrera para con quien sea que intente conocernos y con esto no quiero decir que debemos conocer a cualquier persona porque no sería según mi punto de vista lo más apto.

Para vencer ese miedo aquí entran las nuevas energías, es decir esos pensamientos que nos motivan a querer o intentar nuevamente conocer a alguien más y aquí es donde le quitamos las riendas de nuestra vida amorosa al miedo. No podemos ir día a día viviendo del miedo y la desconfianza, si tomamos la elección de estar en una nueva relación éstas malas energías nos volverán a encerrar en esa burbuja que antes mencioné y no nos dejarán avanzar.

La energía de la mente es la esencia de la vida – Benjamín Franklin

Debemos tener presente siempre aquellos pensamientos positivos que nos hicieron intentar una vez más y dejar que éstos sean el centro de nuestra vida, permitirles que nos abrasen y sean quienes nos dominen; y en cuanto a los pensamientos negativos debemos aprender a dejarlos atrás quitándoles valor.

Como experiencia, algo que siempre me recuerdo a mí misma y que me ayudó a intentarlo una vez más, fue el recordar mis triunfos en ese intento pasado y esto fue a través del valor que tengo como persona, puesto que si sabes que diste lo mejor de ti. que con ese bonito sentimiento te sentiste feliz y que fuiste capaz de luego de ese miedo salir sola hacia adelante, pasar página como se dice y aprender porque siempre adquirimos un conocimiento más que aunque lo escuchemos de amistades, familiares o desconocido nunca se va a comparar con la experiencia en vivida.

En un momento de la vida hemos dicho eso de que, me arrepiento de mi pasado, de esa experiencia con tal persona y de haberle dado tanto cariño o amor de mi parte; siento que es algo tan normal en el momento de decepción haberlo dicho o pensado. Luego algunos caemos en cuenta de que sin experiencias no somos nada, ya que, no nos prepararíamos mejor a futuro ante una nueva relación y es lo que debemos tener en cuenta sea buena o mala, nos deja un aprendizaje. Las nuevas energías son amar con sinceridad, pensar más en que quieres a alguien que complemente a tu felicidad y no que le reste, que también eres feliz individualmente, demostrar sinceridad, mostrar seguridad, ser uno mismo, ser transparentes y desde un inicio ser claros en la manera de pensar y lo que buscan para compartir sus vidas y, por último, pero no menos importante, es aprender de cada momento vivido.

¿Cuál es tu verdadera cara con el amor?

Anécdotas

Por: Erick Strah

Mi nombre es Erick Strah, tengo 25 años, estoy dentro de la comunidad prácticamente desde que nací, pero conociéndola a fondo desde los 15 años más o menos soy gay desde que tengo uso de razón, no fue por algo por lo que me sucedió como lastimosamente a otros chicos si les sucedió.

Cuando estuve en el colegio estaba en la mira para las burlas, muchas veces era por mi aspecto físico, forma de vestir o grupo de personas con las que me relacionaba, en su mayoría mujeres porque con ellas me sentía como refugiado, pero realmente la mayor parte de las burlas eran por mi forma de ser algo delicada para no llamar afeminada, debido a mi orientación sexual "gay", fue un proceso difícil de superar porque prácticamente estamos obligados a asistir al centro educativo pero no fue imposible, logre graduarme al igual que todos y luego crecí me convertí en una persona adulta pero las burlas realmente nos acompañan toda nuestra vida pero yo puedo asegurar que se aprende a vivir rodeado de esas personas de mente cerrada o lavada por religión, estatus social y nuestra famosa "SOCIEDAD", yo he vivido todo tipo de rechazo pero no es algo que detenga mis sueños y metas porque siempre he dicho "no es a que grupo pertenezcas, es quien eres tu como persona" porque realmente hoy en día es o que más vale aunque no se valore como tal.

Cuando mi familia se enteró fue un proceso difícil de asimilar para ellos más para mi madre no tanto porque se lo imaginaba, mi familia hasta el sol de hoy se ha comportado fría y distante para conmigo, al principio me costó mucho recibir este tipo de trato de parte de ellos pero con el tiempo me acostumbré de cierta manera y aprendí que en ocasiones las personas de afuera suelen ser más amorosas, hogareñas y acogedoras que tu propia familia. Aprendí a ser independiente como persona en lo social, sentimental y en esta comunidad, pero de igual forma muchas veces me cuesta entender como luchamos contra las etiquetas, burlas, críticas y muchas otras cosas cuando aquí en esta comunidad LGBT+ de Panamá suelen hacer lo mismo entre ellos, es algo que jamás lograremos entender. Maduré a temprana edad y siento que eso me ayudó mucho en las decisiones que me correspondieron tomar en el camino y a la vez me ayudo a moldear mi comportamiento. He vivido de cerca el rechazo hacia otras personas de la comunidad y cada vez que puedo les brindo mi apoyo y es lo que puedo aconsejar a cada uno de grupo LGBT+ iniciemos por cambiar nosotros y a practicar la aceptación entre nosotros para que el mundo nos acepte, después seamos uno solo defendamos nuestros derechos pero respetemos el de los demás y seamos felices porque realmente no cuesta mucho cuando te amas y te aceptas tal y como eres.

¡Las caídas amorosas son parte de la vida, no son errores, son experiencias que nos hacen más fuertes y maduros!

Autonomía del autor:

Enoel Jiménez

Biografía de Enoel Jiménez

Enoel Alexis Jiménez Moreno, nací en Darién, mis abuelos procedentes de Chiriquí y Veraguas, desde muy pequeño amante de los asuntos sociales y culturales, me considero una persona emprendedora con visión y objetivos a corto, mediano y largo plazo. A los 18 años emigré de mi provincia natal en busca de nuevas oportunidades, Licenciado en Banca y Finanzas, Magíster en Administración de Empresas con énfasis en Alta Gerencia, Maestrando Docencia Superior, Profesor de Educación Media Laboral en Materias de comerciales, Banquero, hijo, hermano, sobrino, pareja, y amigo de personas sumamente especiales para mí. Hoy más que nunca sé, que debemos valorar a cada persona que tenemos a nuestro alrededor, que nos aprecian y nos admiran. Tú debes hacer lo mismo si aún no lo haces.

"Lo mejor de todo, es que Amor de Caras, me ayudó a
salir de mi vacío emocional y puedo certificar que te
ayudará a ti también"

¡Estoy dispuesto a seguir siendo
feliz, con lo poco, lo mucho o lo
abundante, porque soy especial,
soy importante, soy único!